AGUA

SECRETOS DE LA CIENCIA

Jason Cooper
Versión en español de Aída E. Marcuse

The Rourke Corporation, Inc.
Vero Beach, Florida 32964

FOTOGRAFÍAS:
Todas las fotografías pertenecen a © Lynn M.Stone, menos la de la
página 4, que se reproduce por cortesía de la NASA.

Library of Congress Cataloging in Publication Data
Cooper, Jason, 1942-
    Agua/ por Jason Cooper. Versión en español de Aída E. Marcuse
    p.cm. — (Secretos de la ciencia)
    Incluye índices.
    Resumen: Provee una sencilla explicación acerca de las
diferentes formas del agua, su importancia para la vida en la tierra y
algunos de sus usos.
    ISBN 0-86593-323-5
    1. Agua—Literatura juvenil. [1. Agua. Materiales en idioma
español.] I. Título. II. Series: Cooper, Jason, 1942- Secretos de la
ciencia.
QC920.C6618 1993
551.48—dc20
                                          93-20617
                                             CIP
                                             AC

ÍNDICE

AGUA

El agua es la sustancia que más abunda en la tierra: cubre la mayor parte de su superficie.

No hay nada que pueda cambiar de forma o moverse de un lugar a otro como el agua. A veces, el agua está en su forma más común, que es mojada o **líquida** ¡y salpica!

Pero cuando hace mucho frío, el agua se congela y toma su forma sólida—la del duro y helado hielo. ¡Brrrrr!

El agua también puede ser invisible—como cuando está en el aire que nos rodea, en forma de vapor de agua—.

La mayor parte de nuestro planeta está cubierta de agua

EL AGUA: DULCE Y SALADA

La mayor parte del agua de la tierra está en los océanos. El agua de los océanos es **agua salada,** tanto, que no podemos beberla.

El agua que tomamos es agua dulce, como la que hay en la mayoría de las lagunas, lagos, ríos y arroyos.

En las regiones del Ártico y la Antártida se conserva la mayor parte del agua dulce de la tierra, encerrada en enormes masas de hielo.

Un glaciar en Alaska

AGUA PARA VIVIR

Todas las criaturas vivientes—no solamente los peces—necesitan agua para vivir. El agua nos permite crecer y utilizar los alimentos que comemos.

El agua también es importante para el tipo de vida que llevamos. Las fábricas usan agua para hacer los objetos que utilizamos en nuestras casas.

Y el agua es importante para nuestro **esparcimiento,** es decir, para los momentos que pasamos jugando o descansando. ¡Los peces no son los únicos que nadan!

Los niños se divierten jugando en el agua

EL AGUA SUBE ...

El agua es usada una y otra vez. Y, por más que la gastemos, nunca la destruimos. Toda el agua que consumimos permanece en algún lado, aunque cambie de forma y de lugar. Y tarde o temprano, alguien vuelve a utilizarla.

El agua se mueve, por ejemplo, cuando el calor del sol la hace subir imperceptiblemente en el aire.

El calor del sol convierte el agua en vapor de agua.

Un pueblo de Maine oculto por la niebla

Los copos de nieve caen flotando alrededor y encima del lobo

Y TAMBIÉN BAJA

En el aire, el agua, o humedad, se enfría y se convierte en gotitas. La **niebla** está hecha de pequeñas gotitas de agua que forman una nube baja. Las gotas más grandes caen de las nubes en forma de lluvia. El **rocío** se forma durante la noche; cuando las gotas de humedad se enfrían en el aire.

El agua que cae como lluvia en New York puede provenir del océano que está a 3.000 millas (4.950 kilómetros) de distancia. El agua nunca se pierde … sólo se mueve de un lado a otro.

Luvia salpicando las naranjas en Florida

AGUA HELADA

Si el aire está suficientemente frío, el agua se hiela. Cuando el agua helada cae, lo hace en forma de nieve o como pedacitos de hielo.

En los extremos de la tierra, en las heladas regiones llamadas el Ártico y la Antártida, la mayor parte del suelo está recubierto de hielo y **glaciares.**

El frío hace que el agua se convierta en hielo

INUNDACIONES Y SEQUÍAS

La lluvia y la nieve proveen humedad al suelo. Pero muy pocos lugares reciben la misma cantidad de agua y nieve año tras año. En algunos sitios, como los desiertos, casi nunca llueve.

Si no llueve o nieva por mucho tiempo, ese período se conoce como tiempo de **sequía.** Otras veces cae demasiada lluvia o excesiva nieve, y se producen inundaciones.

Efectos de la sequía
en los Everglades, Florida

CÓMO EL AGUA DA FORMA A LA TIERRA

El agua contribuye a dar forma a la tierra. Cuando el agua corre montaña abajo, se frota contra el suelo y las rocas, cortándolos, excavándolos y esculpiéndolos. Transporta pedacitos de rocas y tierra y los deposita en otro lugar, creando así nuevas tierras.

La acción de las olas de los océanos cambia el perfil de las costas. Y los glaciares también arrastran rocas y tierra del suelo.

Los contornos de las tierras yermas de South Dakota han sido hechos por los ríos y las lluvias

EL PODER DEL AGUA

Párate junto a una enorme catarata. El ruido que hace el agua al precipitarse y caer a toda velocidad, es ensordecedor. ¡Imagina la energía salvaje, brutal, que tiene esa bestia!

Hemos logrado domesticar la fuerza del agua que cae. Y ahora la utilizamos para hacer funcionar muchas máquinas, después de transformarla en otro tipo de energía, la electricidad.

Glosario

agua salada (a-gua sa-la-da) — agua de los océanos o que contiene mucha sal

esparcimiento (es-par-ci-mien-to) — tiempo que se pasa jugando, o el juego en sí

glaciar (gla-ciar) — un río de hielo que se mueve lentamente

líquido (lí-qui-do) — algo que corre libremente, como el agua

niebla (nie-bla) — una nube baja hecha de gotas de humedad

rocío (ro-cío) — gotitas de agua que se forman en las noches frías y se depositan en el suelo

sequía (se-quía) — tiempo de poca o ninguna lluvia

ÍNDICE ALFABÉTICO